Louis GUIBERT

LA
SOCIÉTÉ ARCHÉOLOGIQUE
DE LIMOGES
A
L'EXPOSITION DE TULLE

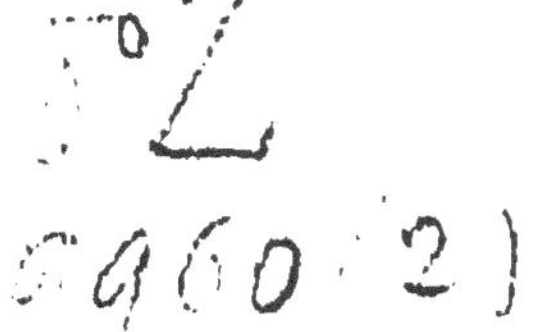

Librairie de la *Société Archéologique*

Vᵛᵒ DUCOURTIEUX, rue des Arènes
LIMOGES

a Monsieur Léopold Delisle
hommage respectueux
[signature]

Louis GUIBERT

LA
SOCIÉTÉ ARCHÉOLOGIQUE
DE LIMOGES
A
L'EXPOSITION DE TULLE

LIMOGES

Imprimerie : L. BOYER, 50, faubourg Montmailler

1887

Librairie de la *Société Archéologique*

Vve DUCOURTIEUX, rue des Arènes

Limoges

LA SOCIÉTÉ ARCHÉOLOGIQUE

de Limoges

A L'EXPOSITION DE TULLE

Il y a des sociétés vouées au calme et au recueillement; il en est d'autres qui semblent nées pour l'agitation et le bruit. Imagine-t-on un orphéon qui dédaignerait les voyages et ne suivrait pas les concours ? une société de gymnastique dont les membres n'iraient pas au loin disputer le prix de l'adresse, de la force et de l'agilité ? Par contre, on conçoit fort bien que des associations fondées dans un but purement scientifique demeurent chez elles et s'occupent de leurs travaux, quand ces travaux ne comportent que des recherches dans les archives ou quelques fouilles autour du clocher natal. Le personnel de ces graves compagnies est en général plus casanier et moins ingambe que celui des jeunes phalanges vers lesquelles se reportait tout à l'heure notre pensée. Chaque société, comme chaque âge, a, selon le mot du poète, « ses plaisirs et ses mœurs. » C'est une constatation que chacun peut aisément faire.

Les mœurs de la Société archéologique de Limoges ont toujours été sévères,et simples ses plaisirs. On ne saurait l'accuser de battre du tambour et de courir les champs : on ne la vit jamais courir ; nous connaissons même des esprits malveillants qui lui reprochent de ne pas marcher très bien. Eh bien ! si, elle marche, et même elle n'hésite pas, au besoin, à monter en chemin de fer et à se laisser entraîner au loin par la vapeur, agent et symbole du progrès moderne. Ele ne sort toutefois de ses traditions et de ses habitudes, on doit le comprendre, qu'à bon escient et dans de solennelles circonstances.

La Société Gay-Lussac, toute pleine de l'ardeur et de la sève de la jeunesse, a, l'an dernier, pris l'initiative de l'organisation, au cours d'un grand concours agricole, d'une Exposition à laquelle la Société Archéologique a donné un devoué concours et dont, tous, nous garderons longtemps le souvenir. C'était vraiment fort beau : on nous l'a assez répété durant quatre mois pour qu'il nous soit permis de le croire.

Piqués d'émulation, les habitants de Tulle se sont mis, cette année, en tête de faire à leur tour une Exposition. Pourquoi pas? Leur ville était, en 1887, le siège d'un concours régional agricole ; elle a, comme Limoges, le rang de chef lieu. Les Tullistes possèdent, comme nous, une cour d'assises, un évêché, un trésorier général ; ils ont un lycée, et même deux lycées : l'ancien, et le nouveau, dont les belles constructions dominent la ville et jettent sur ses vieux bâtiments le regard d'orgueil et de dédain que la fameuse tour Eiffel laissera bientôt tomber sur le Louvre et Notre Dame ; ils ont une cathédrale dont la foudre a respecté la flèche et dont les beaux cloîtres méritent d'être visités ; un superbe hôtel de préfecture, en face duquel notre lourde construction de la rue des Prisons f rait assez triste mine ; quelques vieux quartiers intéressants avec de curieuses façades des XV° et XVI° siècles, et même quelques restes du tre zième ; ils ont enfin une Société des lettres, sciences et arts des plus actives, des plus nombreuses, ayant à sa tête un homme distingué, lettré jusqu'au bout des ongles, aimable et sympathique entre tous.

Et Tulle a fait une Exposition ; et cette Exposition, dont ses promoteurs avaient été, il y a un mois, sur le point d'abandonner l'idée, a réussi au delà de toutes les espérances : si bien que la Société archéologique de Limoges s'est sentie prise a son tour de curiosité et qu'on s'est dit un beau soir -- à la dernière séance -- : « Pourquoi n'irions nous point voir à Tulle si ces Bas-Limousins ont fait mieux que nous ? »

Mieux ? non, peut être ; mais aussi bien. Pour arriver au résultat obtenu par nos voisins, nous nous rendons compte, nous qui sortons à peine de la même épreuve, de la somme de vo'onté et de zèle qu'ils ont dû déployer. Grâce au dévouement et à l'entrain de la commission, à la patriotique et intelligente libéralité du public, l'Exposition du chef lieu de la Corrèze, installée dans les immenses bâtiments de la manufacture d'armes, — vides hélas ! aujourd'hui — offre à ses visiteurs les sujets d'observation ou d'étude les plus intéressants, les plus variés. A côté de l'exposition rétrospective, qui a exercé sur la Société Archéologique de Limoges son irrésistible attraction, les Tullistes ont pu organiser une exposition moderne, non seulement d'art, comme nous l'avions fait nous mêmes l'an dernier — mais aussi d'industrie : ce à quoi il nous avait été interdit de songer.

Des évènements tout à fait imprévus avaient singulièrement diminué le nombre des délégués volontaires de la Société Archéologique de Limoges. Nous étions une douzaine qui avions formé le projet d'aller visiter l'Exposition de Tulle. A l'arrivée, nous ne nous sommes pas trouvés plus de quatre. Mais notre savant et excellent président, M. le Chanoine Arbellot, marche à notre tête, et M. Louis Bourdery, M. Paul Ducourtieux et nous, emboîtons le pas — de loin, de très loin ; car chacun se laisse arrêter par les vitrines qui l'intéressent plus particulièrement, et nous nous échelonnons le long des galeries. Le rétrospectif seul nous trouvera réunis dans une commune curiosité et dans une admiration unanime.

L'installation, à Tulle, est très bonne et les locaux suffisants. Si les perrons successifs que nous gravissons n'ont pas l'aspect élégant et le grand air de l'escalier d'honneur à l'Hôtel de ville de Limoges ; si les galeries sont moins hautes, moins richement décorées, le contenu est fort bien présenté et on trouve du goût jusque dans la disposition des houilles, des ardoises et — honni soit qui mal y pense ! — des fourneaux de cuisine....

En traversant les galeries consacrées aux produits industriels et aux arts décoratifs, nous saluons au passage quelques noms de Limoges. Voici une remarquable statue de notre habile sculpteur, M. Gardien, et un bas relief d'un très bon dessin et d'une très fine exécution, avec un encadrement à la fois élégant et sobre, d'un excellent effet, sortant des mêmes ateliers. Un peu plus loin, nous passons devant de beaux registres exposés par M. Emile Charles. Nous cherchons des yeux d'autres noms qui nous soient connus ; mais le temps nous presse et le rétrospectif nous appelle.

Si pressés que nous soyons d'obéir à cette voix, nous ne pouvons passer sans nous arrêter un instant devant une sorte de tente placée au fond d'une grande salle et où se trouvent exposés les produits de la nouvelle manufacture de tulles et dentelles fondée il y a trois ans par une société anonyme et dirigée par M. Bourdoux. Nous retrouvons là, au milieu d'un grand nombre de beaux échantillons de cette fabrication si intéressante, le tableau aux armes de la ville de Tulle qui figurait l'an dernier à l'Exposition de Limoges. Nous protestons in petto contre les trois fleurs de lis qui s'épanouissent au dessus des vieux rocs d'or de l'écusson municipal ; mais nous sommes trop polis pour recommencer la campagne que nous avons jadis entreprise contre le glorieux chef cousu il y a trop peu de temps par les Tullistes à leurs armoiries.

Sous la tente dont nous avons parlé, sur une estrade, deux ouvrières, assises derrière des machines qu'actionne la vapeur, font passer sous l'aiguille qui va et vient avec une précision mathématique, le réseau délié où a été tracé le dessin de la broderie à exécuter, A peine l'œil peut-il suivre le travail de l'aiguille : il voit avec une surprenante rapidité naître sous les doigts des deux jeunes filles des rinceaux délicats, de souples dentelures, de légères et charmantes fleurs.

Arrachons nous à ce gracieux spectacle et escaladons les dernières marches qui nous séparent de l'orfévrerie, des émaux, des tableaux, des objets d'art anciens et modernes, — anciens surtout : Là est vraiment le triomphe des organisateurs de l'Exposition. Un ami nous raconte les prodiges d'activité accomplis par certains d'entr'eux et nous dit que le résultat obtenu est dû pour une très grande part à M. Emile Fage, président de la Société des Lettres, Sciences et Arts de la Corrèze, et à M. l'abbé Paré, vicaire général du diocèse. Il nous raconte les difficultés de leur tâche, les démarches, la persévérance, le zèle infatigable déployé par ces messieurs: Quelques histoires nous rappellent, trop exactement, hélas ! certains épisodes de notre propre odyssée dans les rues de Limoges et sur les routes de la Hte-Vienne, en quête de notre future Exposition...

Mais nous n'écoutons plus. Au milieu d'une grande salle, trois vitrines remplies de trésors viennent d'apparaître à nos yeux. Le voilà, l'art rétrospectif ! La voilà, l'Exposition de Tulle pour laquelle nous avons, comme Mélibée, quitté notre pays et déserté notre foyer ! Rien que ce premier regard a payé notre voyage. Bravo, les Tullistes ! et hourrah pour l'œuvre limousine !

Douze ou quinze châsses, toutes plus intéressantes les unes que les autres, s'étagent devant nous. Et, pour comble de bonne fortune, nous trouvons là, appelés par le même attrait, saisis de la même admiration, deux savants distingués, à qui nous avons eu le plaisir de faire l'an dernier les honneurs de l'Exposition de Limoges : M. Léon Palustre et Mgr Barbier de Montault; tous deux observent, étudient, notent et comparent, s'interrogent et réfléchissent, hésitent, discutent, scrutent, décrivent et photographient à tour de bras. Inutile de dire que nous profitons de leurs avis, de leurs leçons, et que nos oreilles ouvertes ne laissent pas tomber par terre ce qu'elles entendent.

Aucune pièce d'orfévrerie de l'Exposition de Limoges ne pouvait être attribuée à une époque antérieure au onzième siècle. A Tulle, nous remontons le cours des temps et nous sommes reportés de quatre cents ans en arrière. Voici une châsse mérovingienne, que conservait — sans s'en douter assurément — la petite église paroissiale de St-Bonnet Avalouze. C'est déjà la petite maison de forme banale, avec sa base rectangulaire et sa couverture haute; mais ici la toiture est à quatre eaux et non à deux : ou tout au moins les deux pignons ont ils un retrait et offrent-ils, vus de profil, une courbe assez accusée.

L'objet est de dimensions modestes : 0 m. 13 cent. de haut, dont 5 1|2 pour le toit et 7 1|2 pour l'auge ; 0 m. 13 cent. de longueur et 6 cent. 1|2 de profondeur. L'âme de ce coffret est formée d'un seul morceau de bois, qui a été creusé à l'instar d'un sabot. Des feuilles de cuivre estampé recouvrent cette forme grossière : elles semblent assez mal ajustées et sont fixées par des clous dont la tête, peu saillante, se divise et s'épanouit en fleur ouverte, annonçant déjà les roses et les marguerites ou les quatre-feuilles que nous trouverons semés sur les bandeaux et les écoinçons de tant de châsses du douzième et du treizième siècles. Sur la face principa'e, vu grand X, initiale grecque du nom du Christ, partage tout le coffret en quatre triangles à sommets opposés. Ceux de droite et de gauche portent une croix pattée ; sur ceux du haut et du bas se voit une figure barbare à peine esquissée et rappelant les bons hommes rudimentaires qu'un enfant de sept ans dessine sur la couverture de son premier cahier d'écriture. Ces figures représentent des anges, formés d'une tête et de deux ailes indiquées par un simple trait.

Sur la face postérieure s'étale une croix irrégulière, grecque (?) formée d'un réseau de cuivre dont les mailles, carrées, ont été remplies d'un mastic verdâtre, posé à froid. Le revêtement de cuivre de ce côté de l'auge a été malheureusement endommagé. La croix est cantonnée de chiffres ou d'entrelacs très caractéristiques, semb'ables à certains chiffres ou dessins arabes, et qui font déjà pressentir les nœuds

et entrelacs usuels des chapiteaux romans.
Sur les pignons on retrouve les mêmes dessins.
M. Palustre nous dit que cette châsse présente une analogie frappante avec la petite
châsse de St-Mummol, qui remonte au sep-
tième siècle. Le coffret de St-Bonnet Avalouze
pourrait donc appartenir au temps du roi Dago-
bert ; mais à coup sûr St-Eloi n'y a pas mis
la main.

Si ce rare objet excite au plus haut point
notre curiosité, nous ne pouvons retenir un cri
d'admiration devant la châsse de Gimel. Rien
ne saurait donner, à qui n'a pas vu ce riche
coffret, une idée de l'originalité de sa décoration, de la splendeur de son coloris, de l'habileté extraordinaire qu'atteste son exécution.
Le diocèse de Limoges ne possède rien de
semblable. Sur aucune des pièces que nous
ayons pu étudier jusqu'ici, l'émailleur n'a
dép'oyé d'aussi grandes ressources, ne s'est
montré maître à ce point de la matière qu'il
emploie, en aussi pleine possession de son art,
aussi hardi dans la composition de son œuvre
et aussi sûr de son effet On peut rester devant
cette châsse des heures entières, à admirer et
à étudier. — On l'a répété cent fois : qui n'a pas
contemplé les belles œuvres de Léonard Limosin n'aura jamais une idée complète des
effets que sont arrivés à produire les peintres
émailleurs et de leur habileté technique ; de
même, il est permis de dire qu'on ne saurait
imaginer les ressources de l'art de l'orfèvre
émailleur et les riches et puissants effets aux-
quels il peut atteindre, quand on n'a pas examiné
la châsse de Gimel.

C'est bien une œuvre Limousine, celle-là :
ses personnages à tête rapportée en témoi-
gnent hautement. La pièce paraît être de la
fin du douzième siècle. L'artiste a représenté,
sur la face principale, la prédication et le supplice de St-Etienne, premier martyr. Sur l'une

à gauche, on reconaît le saint, revêtu d'une
riche dalmatique bleue semée de rosaces poly-
chrômes, dont l'aspect, comme nous le fait
remarquer Mgr Barbier de Montault, rappelle
celui des verres phéniciens, et dont le dessin
n'est pas sans analogie avec celui de certaines
étoffes orientales. Le diacre prèche l'Evangile.
Jésus-Christ, dans une gloire, l'assiste et le
bénit du haut du ciel ; mais les Juifs se bou-
chent les oreilles. A droite, le Saint sort de la
ville et on le traîne au supplice. Sur le ver-
sant du toit est représentée la lapidation, et
ce n'est pas trop de tout le panneau pour le
développement de cette scène. Sur la face
postérieure, des anges dans des auréoles circulaires. L'ornementation de ce côté du coffret
n'est pas moins intéressante. La grâce et le
mouvement des arabesques qui s'y jouent ne
sauraient être trop loués. « Elles égalent, si
elles ne les surpassent, les plus belles enluminures des manuscrits », a écrit un juge
tout particulièrement compétent en ces ma-
tières, le savant, le regretté M. Charles de
Linas. — Les personnages, d'une expression
remarquable et d'une variété d'attitudes surprenante, sont exprimés en émail, ainsi que
certains objets et ornements. Des émaux de
plusieurs nuances, de plusieurs couleurs, sont
rapprochés et disposés dans la même cuvette,
de manière à indiquer des reliefs, à produire
des dégradations de tons. Les têtes rapportées,
dont les types, en petit nombre, se reprodui-
sent souvent sur les châsses de la même
époque, et pour lesquelles chaque atelier se
contentait d'avoir cinq ou six modèles, parais-
sent ici avoir été fondues spécialement pour
cette magnifique pièce, tant elles s'ajustent
bien au corps du personnage, tant leur expression est conforme au rôle de ce dernier et
la direction du visage à son geste et à son
attitude.

Sur le fond de cuivre court un rinceau assez ferme, un peu lourd peut être, gravé au burin et absolument semblable à celui que nous trouvons derrière le curieux crucifix de M. Louis Bonnay, de Brive, si remarqué à l'Exposition de Limoges. Rencontre singulière : ce rinceau se retrouve exactement sur les pieds d'une châsse de l'église de St-Pierre de Tulle. C'est à croire que le burin qui a gravé ces trois pièces a été tenu par la même main.

La palette de l'émailleur est plus riche sur la châsse de Gimel que sur aucun autre des morceaux que nous ayons jamais vus. On y observe des bleus inusités, dont l'un presque noir, et un violet d'une grande richesse, qui paraît translucide. Le vert joue son rôle, comme dans un certain nombre de pièces Limousines du douzième siècle.

La châsse est de moyennes dimensions : 288 millimètres de longueur, sur 256 de haut et 102 de larg. Elle se trouve portée sur quatre pieds, sans socle ni soubassement. Le faîte est surmonté d'une crête à entrées de clé à jour.

A l'Exposition de Limoges figurait un coffret de pauvre apparence, appartenant à Mgr l'Evêque et dont la monture, simple et d'exécution assez grossière, en cuivre repoussé ou plutôt estampe, ornée de bandeaux et d'encadrements circulaires formés d'un triple rang de perles, — celui du milieu composé de perles plus grosses que les deux autres, — enchâssait des émaux paraissant anciens, d'aspect lamelleux, de couleur terne et de médiocre qualité. Au lieu d'émaux, la face postérieure était ornée de simples verres de couleur. Ce coffret a été décrit avec soin par M. Palustre et Mgr Barbier de Montault, dans leur publication sur *l'Orfèvrerie émaillée de Limoges* (*objets exposés à Limoges en 1886*). D'après ces deux savants, la monture n'est pas antérieure au XII siècle ; mais les émaux pourraient remonter au

XI°, et cet objet, unique suivant eux, serait de provenance étrangère. — Mais voici qu'à l'Exposition de Tulle, nous retrouvons deux châsses, celles de La Fage et d'Orliac de Bar, dont la garniture est exactement semblable a celle de l'Evêché de Limoges: même triple rang de perles, même disposition des bandes et a peu de chose près des médaillons, même pieds ronds, sans aucun décor qui les relève, même sujet : le Christ glorieux entre des anges, (au moins sur celle de La Fage). Toutefois l'esprit du décor et les émaux diffèrent. Ce ne sont plus ces raies parallèles qui donnent à la pièce de l'Evêché de Limoges un aspect si singulier. Ici l'émail a l'aspect habituel et présente une surface lisse et homogène.

Aux deux châsses de l'Exposition de Tulle, les personnages sont réservés sur le cuivre ; mais l'artiste ne s'est pas contenté, comme cela a lieu d'ordinaire, d'indiquer les détails de leur visage, de leurs membres et de leurs vêtements par des traits gravés au burin. Dans ces traits, il a coulé une pâte rouge qui paraît avoir subi l'action du feu et qui par conséquent est un véritable émail. Si, comme nous n'en pouvons guère douter, ces pièces sont de fabrication limousine, nous aurions là le plus ancien spécimen qui ait été signalé de l'emploi de la niellure dans nos ateliers.

Dans les coffrets de La Fage et d'Orliac de Bar, comme dans le coffret de Mgr l'évêque de Limoges, la face postérieure présente, au lieu d'émaux, de simples verres colorés en rouge, vert et bleu. Plusieurs de ces verres, dans les châsses exposées à Tulle, ont été appliqués sur des morceaux d'étoffe dont les dessins, transparaissant sous le verre, devaient offrir l'apparence des émaux translucides, avec moins de richesse et d'éclat bien entendu.

Moins intéressante assurément est la châsse de St-Pantaléon, avec ses poupées de cuivre en relief, affreux boushommes mal dégrossis, dont les vêtements sont enjolivés de bandes verticales d'émail champlevé de couleur bleue. Mais elle offre un détail remarquable et qu'il ne nous a été donné d'observer sur aucun des coffrets exposés à Tulle. Ce n'est pas une maison, une simple boîte prismatique à coupe pentagonale. Un avant-corps se dresse sur la toiture, au milieu de chacune des façades, et forme un pignon ne dépassant pas, du reste, la face de l'auge : c'est un véritable transsept. Crête ajourée, à entrées de clef.

Plusieurs châsses, celle entr'autres de St-Merd-la-Dordogne, sont ornées, comme celle de St-Pantaléou, de ces frustes figures de cuivre formant personnage à mi corps ou aux deux tiers de hauteur, sans bras et sans jambes, à formes à peine indiquées et rappelant exactement les plus humbles poupées de carton de nos bazars. A St-Merd aussi, l'espèce de blouse qui couvre ce tronc est décorée de bandes verticales d'émail. Ce genre de décor doit être fort ancien et ne constitue point un progrès bien sensible sur la niellure dont nous parlions plus haut.

La décoration, en émaux, des personnages en relief appliqués sur les châsses, n'est pas fort rare.

Toutefois nous en connaissons à peine trois ou quatre exemples dans le diocèse de Limoges, et l'Exposition de Tulle, seule, nous montrait six coffrets au moins garnis de figures avec cette ornementation. Le plus intéressant de beaucoup est celui de Laval, sur la toiture duquel on arapporté des personnages qui de toute évidence n'ont pas été faits pour cette pièce. Ce sont les trois Rois mages à cheval, traités d'une façon très intéressante, et avec

une recherche d'expression assez remarqua-
b'e.

Ces trois cavaliers, dont les montures sont
caparaçonnées d'émail, formaient sans d ute
le décor d'un panneau de châsse. Sur un
autre panneau devaient figurer les mêmes
personnages, adorant l'Enfant Jésus et lui
offrant des présents. Or, il se trouve qu'entre
deux des mages à cheval, sur la toiture du
coffret de Laval, on a cloué un des acteurs
de cette seconde scène. Les cavaliers étant
trop grands pour les panneaux sur lesquels
on les a appliqués, on a coupé les pieds des
chevaux....

Ces mêmes scènes : les trois rois d'Orient,
à cheval, se dirigeant vers Bethléem guidés
par l'étoile, et les mages aux pieds de l'Enfant
divin, se trouvent reproduites sur un intéressant coffret de l'église de Beaulieu. Mais
ici les personnages ne sont plus rapportés ;
ils sont simplement réservés sur le cuivre
et les détails gravés au burin.

La décoration en émaux des pièces de rap-
port en relief s'observe surtout sur la châsse
de St-Dulcissimeou Dulcème, appartenant à l'é-
glise de Chamberet, pièce importante, mais plus
précieuse par ses grandes dimensions — 480
mill. de haut, avec la crête, et 621 de long --
que par le mérite de l'artiste et par la beauté
des émaux. Comme celle de plusieurs des
châsses du grand rétable de Grandmont, cette
fierte présente des arcatures dont chacune
sert de niche à une statue d'apôtre. Sur la face
principale, le milieu de l'auge est occupé par
le crucifix, avec la vierge et St-Jean au pied
de la Croix ; au dessus, sur la toiture, le
Christ est représenté glorieux dans un large
médaillon dont l'encadrement ou vesica piscis
n'existe plus. Du côté opposé, la partie centrale
de la toiture est formée par une simple plaque
de cuivre émaillée représentant l'ensevelisse-
ment d'un évêque.

Ce panneau plat, avec dessin au trait, contraste singulièrement avec le reste de la décoration de la fierte; décoration toute en relief, et peut-être la plaque en question a-t-elle été substituée à un médaillon à encadrement rapporté, représentant soit la vierge, soit un autre personnage. La crête de cette fierte est remarquable en ce qu'elle offre par intervalle des tours crénelées en relief qui éveillent l'idée des remparts de la cité céleste. Cette crête se termine aux deux extrémités par une grosse boule en saillie sur le pignon.

La châsse de Chamberet, bien qu'elle ait subi quelques détériorations, n'est pas en aussi mauvais état que nous avions lieu de le craindre. Nous nous rappelions l'avoir vue, il y a une douzaine d'années, en allant visiter les fouilles exécutées au Montceix par l'abbé Joyeux ; elle était alors reléguée sous une table du presbytère, et, selon toute vraisemblance, plus souvent heurtée par le balai de la domestique qu'époussetée par un plumeau soigneux. Il est heureux qu'elle n'ait pas souffert davantage. Nous savons qu'aujourd'hui on a pour elle plus d'égards.

Plusieurs autres châsses mériteraient une description; celle d'Obazine par exemple, véritable type de coffret Limousin, avec son auge et sa toiture garnies de poupées rapportées et la bande d'émail turquoise traversant horizontalem nt chaque panneau et passant derrière les figures ; celle de Neuville, avec sa petit; crête formée de d ux serpents dont les têtes se relèvent vers les pignons, rompant ainsi la monotonie de la ligne droite et révélant ch z l'artiste une recherche de variété et de mouvement ; les deux grandes châsses de la Cathédrale de Tulle, modernes l'une et l'autre, mais dont l'ornementation est ancienne et intéressante.

Le coffret de St-Pierre de Tulle, dont nous avons déjà signalé les pieds de cuivre ornés d'un rinceau analogue à celui qu'on trouve gravé sur le fond de la châsse de Gimel, a droit à une attention toute spéciale. Les personnages qui le décorent n'ont pas été simplement dessinés à l'aide du burin. Les traits sont plus fortement indiqués et le métal profondément entaillé à l'échoppe. Le modelé de tout le personnage se trouve ainsi accusé, bien qu'avec un faible relief. Etendez une couche d'émail translucide sur ces personnages, et vous aurez ces émaux de basse taille qui ont peut-être été un acheminement vers les émaux peints. Un coffret de l'Exposition de Limoges, appartenant au Musée National Adrien Dubouché, dénote le même travail. Ces deux pièces, sur les quelles on trouve certains personnages absolument semb'ables et qui offrent, du reste, de très grandes analogies de détail, sortent du même atelier : il n'est guère possible de mettre la chose en doute.

La statue en argent doré de la Vierge tenant sur ses genoux l'enfant Jésus, et appartenant à l'ancienne église abbatiale de Beaulieu, est bien connue des archéologues. C'est un morceau capital du douzième siècle, qui n'a pas moins de 61 centimètres de hauteur. Elle est, par conséquent, plus grande de 14 centimètres que la statue de Breuil au Fa, envoyée l'an dernier à l'Exposition de Limoges. Elle a été, comme elle, formée de feuilles de métal repoussé, recouvrant une âme en bois ; mais là s'arrête l'analogie. La Vierge de Beaulieu est d'une exécution beaucoup moins barbare et d'une expression qui n'a rien de l'aspect presque effrayant de l'autre statue. La Mère et l'Enfant portent des couronnes. Celle de la première ne manque pas d'élégance. Le manteau de la Vierge est retenu sur sa poitrine par un intéressant camée, et on ne compte pas moins de neuf intailles distribuées sur la pièce. Notre confrère Ernest Rupin, le laborieux et savant président de la Société Scientifique et Historique de Brive, a consacré à la statue de Beaulieu une excellente notice accompagnée d'une reproduction.

Auprès de la vierge de Beaulieu, les vitrines de Tulle exhibaient trois bustes reliquaires de fort inégale valeur. Le plus intéressant, au point de vue de l'art proprement dit, est certainement celui de Ste-Fortunade, conservé dans l'église de ce nom : c'est une figure de jeune fille, avec une expression de pureté, de foi et de résignation vraiment remarquable. D'après les indications du catalogue, ce morceau serait de cuivre doré ; il a une teinte qui semblerait plutôt indiquer une argenture ou un étamage qu'une dorure.

Le buste de Ste-Fortunade paraît appartenir au quinzième siècle, qui avait fourni à l'Exposition de Limoges une œuvre du même genre, mais plus remarquable encore : la magnifique tête de St-Etienne de Muret, que possède l'église de St-Sylvestre, — et aussi le fameux buste de Ste-Valérie de Chambon. Au siècle précédent remonte le buste de St-Martin de Soudeilles, curieuse pièce dont l'exécution en tant que dessin et travail du métal, n'est pas irréprochable, mais qui laisse voir, aux orfrois de la mitre, des émaux translucides extrêmement intéressants. Nos savants confrères pensent que la pièce est d'origine étrangère. — Le buste de St-Dumine, en argent doré, à l'église de Gimel, est peut être moins curieux ; mais la physionomie ne manque pas d'expression et le repoussé est exécuté avec une assez grande habileté.

Les autres reliquaires offrent en général un intérêt médiocre. Il n'y a rien là qui approche du caractère et de l'exécution soignée du phylactère de Châteauponsac, du grand style d l'ange de St-Sulpice-les-Feuilles, de la richesse de décor du plateau à pied de ciboire d'Arnac-la-Poste, ou du rare travail de la burette à monture niellée de Milhaguet-Marval. On peut mentionner toutefois trois ou quatre bras avec quelques ornements en filigranes, un reliquaire monstrance à l'église de Darazac, le reliquaire cylindrique d'Orliac de Bar, enfin la très curieuse plaque reliquaire de Beaulieu avec ses figure gravées et sa longue inscription du treizième siècle.

Moins belle que les croix d'Eymoutiers, des Cars et de Gorre, la croix de l'église de Darnets n'en est pas moins intéressante avec son joli filigrane et sa légère et élégante ornementation. Elle mériterait d'être reproduite.

Il faut donner une mention toute particulière à un objet que les organisateurs de l'Exposition de Limoges avaient sollicité en vain et que la commission de Tulle, plus heureuse, a réussi à obtenir : la colombe eucharistique de l'église de La Guenne, en cuivre doré, ornée d'émaux. Par une rare et heureuse rencontre, M. Fage et M. l'abbé Paré ont trouvé, dans l'église d'Auriac-Xaintrie, une fort belle crosse de suspension provenant de l'abbaye de Vallette : En sorte que la colombe de La Guenne a pu être présentée aux visiteurs de l'Exposition de Tulle avec son mode de suspension traditionnel et son véritable aspect. Ce n'etait point un des moindres sujets d'attraction de la section rétrospective.

Signalons encore la rare navette émaillée de l'église de Soudeilles; plusieurs custodes, entre autres celle portant le nom de Louis d'Aubusson, évêque de Tulle et la date de 1459 ; une curieuse croix d'autel avec son pied, à M. l'abbe Pau; enfin un fragment curieux : une plaque de cuivre émaillée, appartenant à M. l'abbé Bordes et portant un personnage en relief qui pourrait être St-Etienne de Muret, debout sous une arcade à plein cintre, ornée de coupoles ou de lanternons comme beaucoup de pièces provenant des maisons Grandmontaines. Le fond, décoré d'émaux champlevés, est traversé par plusieurs bandes horizontales sur lesquelles on lit ces mots : *Guilelm' v.p. prior Grandimontis* ; ce qu'on ne peut guère traduire qu'ainsi : *Guillaume, vénérable père, prieur de Grandmont.* Ce personnage ne saurait être que le sixième prieur général, Guillaume de Trahinac ou de Treignac, élevé à la première dignité de l'ordre en 1170 et démissionnaire en 1188, ou le treizième, Guillaume d'Ongres, élu en 1245, démissionnaire en 1248, et mort correcteur de la celle de Macheret au diocèse de Troyes. La plaque nous semble devoir être plutôt attribuée au premier, qui régit l'institut dix-huit ans et qui reprocha, dans une lettre éloquente, au protecteur de Grandmont, Henri II, roi d'Angleterre, le meurtre de Thomas Becket. C'est sous le généralat de Guillaume de Treignac que les religieux du chef d'ordre firent à Cologne un voyage dont il est souvent parlé dans les discussions relatives aux origines de l'émaillerie limousine. (1)

Nous nous sommes longuement étendu sur les objets d'orfévrerie religieuse et en particulier sur les pièces d'orfévrerie émaillée réunies par les organisateurs de l'Exposition de Tulle. C'est que là était pour nous le grand intérêt et l'attrait puissant de cette exhibition. Ce qu'on nous en avait dit nous avait décidés à venir de Limoges ; ce que nous y avons vu nous a fait vivement regretter de ne pouvoir consacrer plusieurs journées à étudier un aussi grand nombre d'objets rares, presque tous échantillons caractéristiques de l'œuvre limousine, presque tous documents précieux

____

(1) Henri II, dans une charte, appelle le prieur de Grandmont : *Amicus meus karissimus, prior pauperum Grandimontis.*

à divers titres pour l'histoire de l'art et de l'industrie de notre chère province.

Bien que le catalogue comprît cinquante cinq émaux peints, la revue de cette catégorie d'objets était assez vite passée. Quelques pièces néanmoins ne manquaient pas d'intérêt, et nous avons été heureux de les examiner en compagnie de notre confrère M. Louis Bourdery, l'habile émailleur qui ressuscite avec tant de succès les traditions de nos vieux artistes — *veteres renovabit artes*.

De la première période de l'émail peint, aucun échantillon. Pas un, pas un seul incunable de cette seconde forme de l'œuvre limousine. Rien non plus de la grande époque : pas un Léonard, pas un Reymond, pas un Courteys. De la fin du XVI° siècle, une Vierge à l'Enfant, non signée, mais curieuse, et une peinture dans la manière de Suzanne de Court : C'est du moins l'opinion de M. Bourdery. Il s'agit d'une plaque d'assez grandes dimensions — 220 millim. sur 190 — ayant une très grande analogie de facture et d'aspect avec un *Saint-Michel* du Musée National de Limoges et représentant la *Descente de Croix* : ces deux pièces sont les plus intéressantes de la collection de M. Raymond Toinet.

A signaler, dans la même collection, un bénitier émaillé, — sujet : *la Vierge et l'Enfant Jésus* — que l'on peut attribuer à Poylevé ; un *St-Simon* et un *Thaddée* de Jean Limosin, avec ses initiales et la fleur de lis ; une très curieuse *Sainte Madeleine*, de Nicolas II Laudin ; un certain nombre de pièces de Jacques I Laudin, entr'autres une Vierge, un Christ, et un St-François Xavier d'un type connu ; plusieurs Jacques II Laudin, plusieurs Noualhier, dont un Pierre.

L'Exposition de Tulle possède quatre ou cinq plaques de Pierre Noualhier, signées pour la plupart. On sait qu'à propos de ce nom, un petit problème est posé aux archéologues. Y a-t-il eu deux Pierre Noualhier, émailleurs : le premier, artiste médiocre, recourant néanmoins, dans une certaine mesure, aux procédés employés par les maîtres et n'ayant pas abandonné tout à fait les bonnes traditions ; le second, décidément mauvais, usant largement de couleurs ordinaires, ne se distinguant pas beaucoup des Jean-Baptiste Noualhier et engagé sans retour dans la voie qui éloignera de plus en plus les derniers émailleurs de Limoges du glorieux chemin tracé par leurs habiles et illustres devanciers ? Ou bien n'a t-il jamais existé qu'un seul Pierre, émailleur, avec deux manières tout à fait différentes; la première sans grand mérite, mais la seconde détestable. M. Bourdery, après avoir longtemps hésité, s'est décidé à se ranger à cette dernière hypothèse. Nous lui demandons la permission de ne point partager son avis sur ce point : Bien que les documents historiques fassent défaut, il nous semble très difficile d'admettre qu'un artiste ayant commencé par produire des œuvres certes peu dignes des maîtres, mais d'un certain relief, de quelque aspect et de quelque dessin, tombe à ces platitudes, sans forme et sans nom, à ces inepties et à ces laideurs. Au lieu d'un seul Pierre Noualhier, n'y en aurait il point trois : le premier, nommé en 1600 dans les registres paroissiaux, marié à Narde Guibert, signalé par M. Antoine Thomas, et dont on ne connaît point d'œuvres certaines; — le second, fils de Jacques, né vers 1665, mort en 1717 et auteur des émaux dits : de la première manière ; — le troisième, ayant vécu entre 1700 et 176) et auquel il faudrait adjuger les pièces de la seconde manière; ce serait tant pis pour lui. Nous aimerions assez cette hypothèse, si elle est admissible. Au surplus, nous ne nous

sentons nullement disposé à descendre en
champ clos pour une aussi peu intéressante
cause, et nous livrons tous les Pierre
Noualhier à la justice de notre ami, qui certe
viendra à bout d'eux, fussent ils trois et même
plus de trois.

Ce qui nous reste à voir dans cette salle
n'est pas sans offrir de l'intérêt. M. Bardou
possède un émail d'un certain prix, dans sa
Ste Claire, où l'emploi du paillon, plus encore
que l'initiale, révèle Nicolas I Laudin, l'auteur
des beaux canons d'autel de la cathédrale de
Limoges. Le *St François Xavier* de M. René
Fage, (1) est signé H. P. et paraît être l'œuvre
de ce Poncet dont on ne connaît pas exactement
le prénom et que les uns appellent Henri, les
autres Hélie. — Encore un Jean Limosin, assez
médiocre du reste : la *Sainte Face*, a M. l'abbé
Borde. — Puis une douzaine de Laudin, parmi
lesquels un intéressant Christ, de Nicolas I,
à M. le Dr Faugeyron ; de jolies plaques de
Jacques I à M. Soulié, à M Bardon, —
enfin un certain nombre de Noualhier dont
pas un, malheureusement, ne porte la signa-
ture et ne dénote le talent de Couly, le premier et le meilleur artiste de son nom.

Parlerons nous des ivoires ? nous les avons
à peine entrevus et n'avons gardé le souvenir
que d'une poire à poudre decorée d'un Juge-
ment de Pàris d'un assez grand style, à M. de
Meynard de la Sudrie; — des armes et de la cé-
ramique, qui présentaient pourtant quelques
curieux échantillons ? Nous avons eu à peine
le temps d'y jeter les yeux — Des livres et
gravures ? Sauf quelques ouvrages assez
rares du commencement du seizième siècle et
quelques gravures intéressantes, la plupart

(1) Le catalogue indique cette pièce sous le
nom de M. Meynard du Peuch. Il y a proba-
blment erreur.

dues à des artistes Flamands ou Hollandais, notre exploration ne nous y a rien fait découvrir d'une réelle valeur.— Dans les manuscrits, un seul nous a paru mériter d'être étudié avec soin : un magnifique Missel, richement enluminé, paraissant d'origine Italienne et dans ce cas pouvant remonter au quatorzième siècle. Outre un grand nombre de lettres ornées et d'initiales tracées sur fond d'or avec beaucoup de soin et de délicatesse, on y trouve deux grandes enluminures fort remarquables, et quelques personnages peints au bas des pages et qui donnent l'impression de véritables tableaux.

Nous aurions voulu regarder les riches collections de curiosités de tout genre prêtées par M. le Comte et M. le vicomte de Ste-Fortunade et par M. Mathieu Borie; quelques pièces d'argenterie intéressantes; les monnaies de M. l'abbé Pau; les débris de marbres et de sculptures recueillis à Tintigniac; la précieuse galerie préhistorique de M. Philibert Lalande...Impossible. Le temps pressait ; et nos yeux fatigués, notre esprit las nous refusaient l'attention. A peine avons nous pu examiner trop rapidement les tableaux. Quelques peintures anciennes se font remarquer dans le nombre et ne souffrent pas trop du voisinage du coloris. parfois bien éclatant, des œuvres modernes, de quelques portraits surtout. Admirons cependant un panneau, espagnol peut être, appartenant à M. R. Toinet et d'un effet saisissant : *la Vierge donnant un dernier baiser au Christ détaché de la Croix.* Les deux figures sont admirables. Arrêtous nous instant devant deux toiles, à M. de Meynard, dont une attribuée a Jouvenet, et devant quelques peintures envoyées par diverses églises du diocèse. Parmi les portraits, celui de Mgr Berthaud n'est peut-être pas un chef-d'œuvre ; mais il nous a semblé d'une frappante ressemblance.— Au dessous de lui, nous reconnaissons la figure à la fois robuste et fine de l'abbé Joseph Roux, chanoine de Tulle, le félibre limousin, le philosophe vigoureux dont le premier volume de *Pensées* produisit, il y a trois ou quatre ans, une si grande impression, et obtint un si légitime succès. Nous notons (et nous ne sommes pas le premier à faire cette remarque), une certaine ressemblance au physique, commme au moral — ressemblance qu'on retrouve même dans la façon de parler — entre l'abbé Roux et un autre écrivain Limousin, robuste et fin aussi, penseur comme le chanoine de Tulle, prêtre comme lui, et comme lui homme de mérite ; nous avons nommé Jean Grange.

Notre revue est achevée. On la trouvera bien incomplète. C'est notre avis ; mais pouvait-il en être autrement ? Forcés de visiter en quelques heures une exposition qui eût demandé plusieurs jours d'étude, nous nous sommes attaché plus particulièrement aux objets qui excitaient au plus haut point notre curiosité et notre intérêt. — Nous ne le savous que trop : il y avait bien autre chose à admirer dans les galeries de la manufacture d'armes. D'autres examineront ce que nous n'avons pu voir et parleront des objets d'art, des produits industriels, des mille curiosités devant lesquelles il nous a été interdit de nous arrêter. À chacun sa tâche et son tour.

Pour nous, nous avons rapporté, aucun de nos compagnons de voyage ne nous démentira, la meilleure impression de cette trop rapide visite à l'Exposition de Tulle. L'accueil cordial qui nous a été fait par quelques-uns de nos confrères n'est assurément pas étranger au souvenir que nous en garderons, et la charmante soirée que nous avons passée dans un salon hospitalier, en compagnie de quelques-uns des membres de la commission et de nos confrères de la Société des lettres, sc ences et arts de Tulle, compte pour beaucoup dans cet aimable souvenir. Mais, pas plus que d'aussi précieuses sympathies, nous n'oublierons le sérieux intérêt, la grande importance de l'exhibition elle-même. Les organisateurs de cette exposition, M. le colonel Lestourgie, M. Emile Fage, M. l'abbé Paré, M. Rabès, M. Hugues, M. Soulié, M. Lacombe, M. Bardon et leurs collaborateurs ont mené à bien, à travers mille difficultés et dans un laps de temps fort court, une entreprise devant laquelle un courage ordinaire eût reculé. L'amour de leur pays, le désir de le faire connaître et admirer des étrangers a excité leur ardeur et doublé leurs forces. Leur œuvre, intéressante aujourd'hui, deviendra féconde par les études et les rapprochements dont elle aura offert l'occasion. Qu'il nous soit permis de leur renvoyer le compliment adressé l'an dernier au comité de l'Exposition de Limoges dans notre cher idiôme natal :

I fan haunour au Limousi,

Qui qu'an fi quel erposici ..

Ils ont fourni, en effet, d'importants matériaux pour l'histoire de notre art provincial et dressé un véritable monument à la gloire de notre Limousin. Ils ont fait une œuvre utile, généreuse, patriotique, à laquelle tout le monde a applaudi et dont leurs confrères de la société archéologique et historique de Limoges tiennent à les féliciter encore une fois de tout cœur.

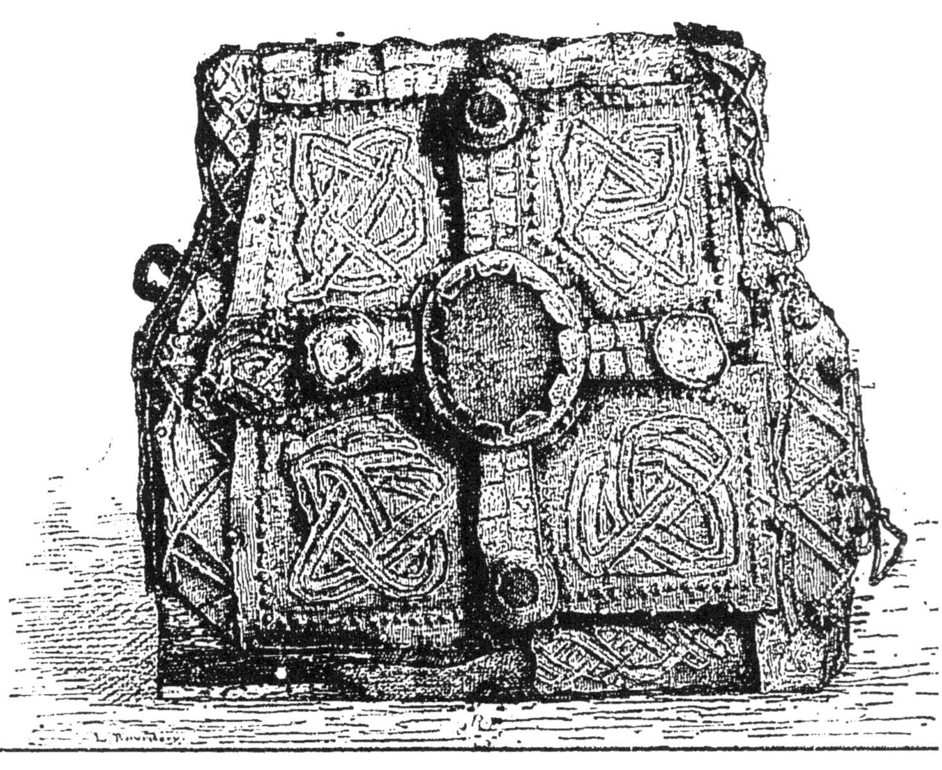